Originalausgabe
1. Auflage
© 2022 Dressler Verlag GmbH, Max-Brauer-Allee 34, 22765 Hamburg
ellermann im Dressler Verlag GmbH · Hamburg
Alle Rechte vorbehalten
Text: Riccarda Ley
Einband und farbige Illustrationen: Nataša Kaiser
Nataša Kaiser wird vertreten durch Agentur Brauer

Reproduktion:
Druck und Bindung: Livonia Print SIA, Jurkalnes iela 15/25, LV-1046 Riga, Lettland
Printed 2022
ISBN 978-3-7514-0067-1
www.ellermann.de

Riccarda Ley
Nataša Kaiser

WIR SIND GLÜCKSPILOTEN

16 Kraftsätze und Geschichten für mehr Achtsamkeit in der Familie

mit Bildern von Nataša Kaiser

ellermann im Dressler Verlag GmbH · Hamburg

Inhalt

Wir sind Glückspiloten

In einer sich immer schneller drehenden Welt ziehen die Tage oft vorbei wie Wolken am Himmel. Umso bedeutsamer ist es, die kleinen Glücks- und Ruhemomente im Familienalltag bewusst wahrzunehmen und im Hier und Jetzt zu entdecken.

„Wir sind Glückspiloten" ist eine herzliche Einladung für ein achtsames Miteinander in der Familie: mit Panda Pauli die kleinen Momente der inneren Stille finden, den wachsamen Koala Kobi bei seinen wilden Abenteuern begleiten und mit Schildkröte Sammy die Ruhe entdecken. Diese und weitere tierische Freunde helfen dabei, einen kindgerechten Zugang zum Thema Achtsamkeit zu finden.

Das liebevoll illustrierte Vorlesebuch für Kinder ab 4 Jahren regt durch die Kraft der Geschichten die Fantasie an und bietet praxisnahe Übungen, die im gemeinsamen Familienalltag Platz finden. Wunderschön gestaltete Achtsamkeits-Kärtchen mit handgeschriebenen Kraftsätzen laden ein, das Glück im Moment wahrzunehmen und Leichtigkeit ins Leben der Familie zu bringen. So kann das rituelle Ziehen eines Kärtchens morgens am Frühstückstisch für einen positiven Start in den Tag sorgen und eine bestärkende Erinnerung in aufregenden Situationen sein. Auch als Geschenk geeignet: eine kleine Erinnerungshilfe zum Achtsam-Sein für Kinder und Eltern gleichermaßen. Für eine bewusste Wir-Zeit, in der die kleinen Momente voller Leichtigkeit wie bunte Luftballons in den Himmel entschweben.

In mir ist es still

Knabber, knabber, knabber: Panda Pauli könnte den ganzen Tag fressen. Und das tut der schwarz-weiße Bär eigentlich auch: Gerade sitzt der Kleine wieder ganz gemütlich auf seinem flauschigen Hinterteil in einem Busch und hält ein kleines Stück Bambus in der Pfote. Er knabbert so lange genüsslich daran, bis er sein Lieblingsgericht vollständig verputzt hat. Dabei spürt er eine tiefe Stille in sich. Er könnte noch ewig so dasitzen.

Doch Pauli hat immer noch Hunger. Also krabbelt der Panda aus dem Busch hervor und geht auf Nahrungssuche. In seinem Revier kennt er sich gut aus und weiß ganz genau, auf welchem Weg er zum besten Futterplatz gelangt. Diesen Weg könnte Pauli mit geschlossenen Augen marschieren, so oft ist er ihn schon gegangen. Doch etwas ist heute anders, das merkt der Panda sofort.

„Hier riecht es seltsam", stellt er fest und schnuppert mit seiner großen schwarzen Nase über den Boden. „Hier riecht es nach Leopard!" Pauli schnaubt aufgeregt. Rasch schaut er sich um, verschwindet leise ins Unterholz und versteckt sich hinter einem dicken Baumstamm. *Poch, poch, poch*. Sein Pandaherz rast, und sein Atem geht schnell.

„Hoffentlich findet er mich nicht! Ich muss hier weg!", denkt Pauli. Obwohl ein Panda ganz schön groß ist, ist er ziemlich scheu und bekommt schnell Angst, wenn etwas anders und ungewohnt ist.

Vorsichtig lugt er hinter dem dicken Baumstamm hervor. Sein großer Pandakörper schlottert etwas. Leise kriecht er nun über den Boden.

„Wenn ich ganz still bin, hört mich der Leopard bestimmt nicht. Aber vielleicht höre ich ja ihn?" Pauli traut sich kaum zu atmen. „Wo versteckt er sich bloß? Soll ich rennen? Oder ruhig sein? Was, wenn er mich schon entdeckt hat? Wo soll ich hin?"

Die Gedanken in seinem Pandakopf spielen Fangen. Paulis Herz schlägt immer schneller, und vor lauter Sorge hat er nicht mal mehr Hunger. Auf einmal hat er eine Idee! Er muss an den Panda-Puste-Geheim-Trick von Opa Otto denken. Wann immer der kleine Panda aufgeregt war, hat Opa Otto ihm die flauschige Brust gestreichelt und mit seiner ganz tiefen Stimme gebrummt: „Ach, Pauli. Wir machen gemeinsam meinen Panda-Puste-Geheim-Trick, und dann kommt alles wieder in Ordnung."

Und genau diesen Trick probiert der kleine Pandabär nun aus. Obwohl er vorher schon ziemlich leise war, wird er nun noch stiller und schließt schließlich sogar seine runden Knopfaugen. Dann lauscht er, wie sein Atem immer ruhiger und gleichmäßiger wird. Dabei denkt er an Opa Otto und fühlt sich plötzlich ganz sicher. Er stemmt seine Beine so fest in den Boden, wie er nur kann, und denkt an etwas, das ihm vertraut ist. „Denke an etwas Schönes – so fühlst du dich gleich ruhiger und sicherer", hört er Opa Otto sagen, als würde er direkt neben ihm stehen. „Und denk mal an dein Lieblingsessen: Bambus! Statt es zu knabbern, kannst du dir vorstellen, dass du in ein Bambusröhrchen pustest."

Pauli atmet so tief ein, wie er kann, und mit gespitzten Lippen langsam durch den Mund wieder aus.

„Und dann wird es ganz still in dir. Dann hast du einfach alle Sorgen weggepustet." Da spürt Pauli auf einmal, wie sein Körper zu zittern aufhört. Seine Angst vor dem Leoparden ist schon viel kleiner geworden. Pauli hat das Gefühl, ganz bei sich zu sein. Der Panda-Puste-Geheim-Trick von Opa Otto ist einfach der beste.

Und der Leopard?

Der ist inzwischen schon über alle Berge. „Puh, das war aufregend." Pauli lächelt entspannt in sich hinein. In aller Ruhe sammelt er ein paar Bambusblätter auf und knabbert sich entspannt in den Schlaf.

So wird es in dir ganz still …

„Ich habe Hunger!" und „Ich bin müde!" – wenn ein Panda sprechen könnte, wären das wohl die beiden Sätze, die er ständig sagen würde. Denn Pandas lieben Fressen genauso sehr wie Schlafen. Und so verbringen sie die Hälfte ihrer Lebenszeit mit dem Knabbern von Bambus, und die andere Hälfte verschlafen sie. Und wenn dann mal etwas Ungewohntes passiert wie bei Panda Pauli, wird das ziemlich aufregend!

Vielleicht kennt ihr das ja auch? Ihr erlebt eine neue Situation, oder eure Gedanken sprudeln. Dann probiert doch mal den Panda-Puste-Geheim-Trick von Opa Otto aus.

Stellt euch einander gegenüber und werdet ganz still. Wenn ihr mögt, schließt eure Augen und atmet ganz tief durch die Nase ein und durch den Mund wieder aus. Denkt nun an etwas, das ihr richtig gerne mögt und gut kennt. Das kann zum Beispiel ein Lieblingsfreund sein, mit dem das Spielen besonders viel Spaß macht, oder ein Kuschelort, an dem man sich gut ausruhen kann. Spürt, wie eure Füße fest auf dem Boden stehen, und vielleicht kribbelt es ja sogar ein bisschen unter den Sohlen. Und nun stellt euch vor, dass ihr durch einen Strohhalm atmen würdet, und spitzt eure Lippen. Ihr könnt auch einen echten Strohhalm nehmen und durch ihn atmen. Macht das eine Weile lang. Spürt ihr schon, wie es in euch stiller wird?

Ich bin ein Körper-Spürer

Ein schrilles *Miauuuu* tönt durch die Luft. Katze Mimi springt mit einem Satz von der Gartenbank. Sie macht einen Katzenbuckel und schleicht wütend fauchend davon. Eigentlich war sie gerade auf Mäusejagd. Sie hatte eine gute Lauerstellung und konnte genau ins Mauseloch schauen. Da kam plötzlich dieser große Hund vorbei! Jetzt läuft er neben ihr her, bellt sie laut an, steckt seine Schnauze in die Erde und schnüffelt.

Schnell verkriecht sich Mimi in der Wiese und schleicht zum Laubhaufen unter dem großen Baum. Vorsichtig und immer noch mit rundem Buckel klettert sie auf den Blätterberg. Doch mit ihren kleinen Tatzen sinkt Mimi ein.

„Das ist nicht schön hier", murrt sie unzufrieden und tapst noch einige Male auf und ab. Dann läuft sie weiter bis zum Garagendach und springt hinauf. Hier oben haben sich große Spinnweben gebildet, durch die Mimi hindurchkriechen muss.

„Pffff!" Mimi schüttelt sich und versucht, die Fäden aus ihrem Fell zu ziehen. Was für eine lästige Arbeit! Was für ein doofer Tag.

„Hallo, Mimi", sagt da plötzlich eine Stimme neben ihr. Es ist Karl, der Kater von gegenüber. „Wollen wir spielen?", fragt er schnurrend und schmiegt sich mit seinem flauschigen Katzenkörper an Mimi.

„Nein." Mimi dreht ihren Kopf in die andere Richtung. „Heute geht

alles schief. Alles geht schief. Darum mag ich jetzt nicht spielen. Ich mag einfach gar nichts tun."

Karl rückt noch etwas näher an seine Katzenfreundin. „Ach so! Heute ist also wieder ein Kribbel-Krabbel-Tag. Hab ich recht?", fragt er Mimi und schaut sie aus seinen freundlichen Augen an.

„Ein Kribbel-Krabbel-was?", fragt Mimi, ohne ihn anzusehen.

„Na, ein Kribbel-Krabbel-Tag", sagt Karl und erklärt: „Da kribbelt und krabbelt es einfach überall, so als würden einen tausend Ameisen ärgern. Und alles fühlt sich irgendwie falsch an."

Mimi dreht den Kopf und schaut ihren Freund mit großen Augen an.

„Und genau so einen Tag hast du heute, stimmt's?"

Das Kätzchen nickt stumm.

„Solche Tage gibt's. Aber ich weiß, was wir da machen können." Karl streckt seine Pfoten weit von sich und kuschelt sich an Mimi. „Wir streichen das Kribbeln raus", sagt der Kater und schleckt sanft über den Kopf der kleinen Katze.

Mimi schließt ihre Augen und schnurrt leise. Und tatsächlich: Schon kribbelt und krabbelt es ein bisschen weniger in ihrem Kopf. Funktioniert das wirklich? Sie beginnt, sich selbst über das Fell zu schlecken. Ihre raue, rosafarbene Zunge streicht über jedes einzelne Härchen, wandert über den Bauch und gleitet darüber.

„Das fühlt sich schön an", bemerkt Mimi und macht immer weiter mit der Katzenwäsche. Auch die andere Pfote bis zu den Krallen leckt sie und sieht nun fast so aus, als würde sie ein bisschen lächeln. Mimi putzt und putzt sich so lange, bis sie ihren ganzen Körper geschafft hat. Sie blickt zufrieden zu Karl. Er liegt neben ihr in der Sonne und schleckt auch sein Fell genüsslich.

„Na, kribbel-krabbelt es immer noch so in dir?", fragt er in einer Schleckpause. Mimi schüttelt nur kurz den Kopf, schleckt immer weiter und muss auf einmal kichern. Zwischen den Krallen kribbelt es, doch dieses Mal ist es ein ganz anderes Kribbeln. Ein schönes Kribbeln.

„Bist du hier eigentlich auch kitzelig?", fragt sie Karl und schleckt seine Pfote.

„Hahaha!" Karl lacht laut, und so tollen die beiden Katzen über das Garagendach.

„Ich wusste gar nicht, dass wir so kitzelig sind", sagt Mimi und rollt sich zufrieden zusammen an diesem Kribbel-Krabbel-Tag.

So wirst du ein Körper-Spürer

Manchmal wissen wir gar nicht, was mit uns los ist: Dann sind wir hibbelig oder grummelig – so wie Katze Mimi. Kennt ihr das auch? Geht es einer Katze so, leckt sie sich über das Fell. Oder sie lässt sich abschlecken, denn das beruhigt sie. Das würdet ihr gern nachmachen? Na klar, doch wartet: Ihr verwendet dafür nicht eure Zunge, sondern eure Handflächen.

Stellt euch hin und reibt eure eigenen Handflächen aneinander, bis sie warm werden. Kribbeln eure Hände schon? Los geht's:

Setzt euch hin und startet bei euren Füßen: Reibt jede Zehe, Fußspann und Fußsohlen. Wandert zu euren Beinen und reibt diese kräftig ab. Gebt euch einen kleinen Klaps auf den Po, damit auch hier Energie ankommt. Hat geklappt? Dann geht's zum Bauch: Im Uhrzeigersinn streicht ihr in kreisenden Bewegungen sanft darüber. Macht das auch gegenseitig. Nun streicht ihr wieder über euren eigenen Körper: über die Brust und die Arme, zwischen den einzelnen Fingern. Kitzelt das? Jetzt ist euer Gesicht dran: Streicht sanft darüber, auch über die Stelle zwischen Nase und Mund. Krabbelt euch gegenseitig den Kopf. Lustig, oder?

Dann ist der Rücken dran. Kniet euch abwechselnd hin und streicht euch gegenseitig darüber. Spürt ihr, wie nun euer ganzer Körper aktiviert und gleichzeitig entspannt ist?

14

Ich bin einzigartig

Wer sitzt denn da im Baum und schimmert in allen Farben? Es ist Papagei Paco. Er ist fast so bunt wie ein Regenbogen: Sein Kopf leuchtet rot wie saftige Kirschen, sein Bauch schimmert grün wie eine frische Frühlingswiese, und seine Flügel tragen fast alle Farben: Blau, Lila, Gelb, Grün, Orange. So einen bunten Vogel gibt es im ganzen Park nur ein Mal. Denn hier ist das Zuhause der großen pechschwarzen Raben mit den krächzenden Stimmen.

„Argh, argh, argh! Wir sind die schwarze Bande", schallt es vielstimmig durch den Park, wenn sie gemeinsam ihre Runden drehen. Nur einer bleibt stets allein auf dem Baum zurück: Papagei Paco. Die anderen Vögel fragen ihn einfach nie, ob er mitwill.

„Nur weil ich bunt bin", glaubt er. Wie gern würde er zusammen mit ihnen ein paar Runden über die Bäume drehen! Doch die anderen zu fragen, traut sich der Papagei nicht.

„Ich bin einfach so ganz anders. So bunt", denkt er traurig. „Darum mögen sie mich nicht." Er lässt seinen farbenfroh schimmernden Kopf hängen und blinzelt sehnsüchtig zu den schwarzen Raben hinüber, die eng an eng auf der Wiese sitzen, fröhlich tuscheln und miteinander kichern.
Worüber sie wohl sprechen? Und was finden sie so lustig?

Das Rabenlachen wird immer lauter und lauter und irgendwann so laut, dass es durch den ganzen Park schallt: *„Raaar, raaar, raaar."*

Das klingt so lustig, dass Papagei Paco einfach mitmachen muss: *„Raaar, raaar, raaar."* Er erschrickt fast, denn er hört sich auf einmal

genauso an wie die Raben. Auch die schwarzen Vögel scheinen es zu merken, denn sie werden ganz still und schauen den Papagei mit überraschten Augen an. „Du klingst ja genauso wie wir! Aber du bist doch gar kein Rabe!", sagen sie verwundert.

Paco schüttelt den Kopf. „Nein, ich bin kein Rabe. Ich bin Paco, ein Papagei. Aber ich kann ganz viele Geräusche nachmachen, auch euer Krächzen."

Das finden die Raben spannend. Neugierig hüpfen sie hin und her, bis so viel Platz ist, dass Paco zwischen die schwarz gefiederten Tiere passt. Alle wollen neben ihm sitzen. Doch Paco traut sich noch nicht so recht und bleibt auf seinem Baum sitzen.

„Wir haben noch nie einen Vogel getroffen, der so etwas kann", ruft einer der Raben und sieht ihn bewundernd an. „Du bist wirklich etwas ganz Besonderes. Du hast so schöne Federn!"

Ein anderer Rabe nickt. „Wir wollten immer schon mit dir sprechen. Aber wir dachten, du magst uns nicht, weil wir so eine langweilige Farbe haben."

Hat Paco gerade richtig gehört? Den Raben gefallen seine bunten Federn?

„Welche Geräusche kannst du denn noch?", will ein dritter Rabe wissen. „Komm doch mal rüber und zeig es uns!"

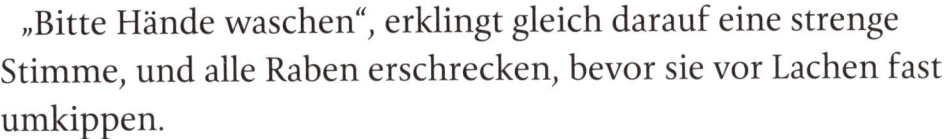

Da fliegt Paco los. Und klirrt dabei wie ein klingelndes Telefon: *„Dingeling, Dingeling."* Die Raben lachen los. Da prustet der Papagei schon herum wie ein Luftballon, der ohne Knoten durch ein Zimmer saust. Welch lustiges Geräusch!

„Bitte Hände waschen", erklingt gleich darauf eine strenge Stimme, und alle Raben erschrecken, bevor sie vor Lachen fast umkippen.

„Du bist wirklich etwas Besonderes, Paco!", rufen die Raben. „Das würden wir auch gerne können." Auch sie probieren nun zu sprechen, doch es kommt nur ein dumpfes Krächzen aus ihren Schnäbeln.

„Das macht nichts. Dafür könnt ihr bestimmt andere Sachen richtig gut", sagt Paco. Und schon beginnen die Raben zu erzählen:

„Ich kann ein Steinchen in eine winzige Erdkuhle fallen lassen", sagt ein kleiner Rabe und macht es sofort vor.

„Und ich angle mit meinen Krallen aus der kleinsten Futterstelle das Futter", freut sich ein anderer. Und so sitzen die schwarzen Raben mit ihrem neuen, bunt gefiederten Freund im Park, und alle freuen sich, dass sie ganz verschiedene Sachen können – vor allem Paco. „So einen wie dich kannten wir bisher nicht", sagt der Rabe direkt neben ihm. „Du bist wirklich einzigartig! Schön, dass du so bist wie du bist!"

So einzigartig bist du!

Papageien sind nicht nur bunt, schlau und können ganz toll Geräusche nachahmen, sie sind auch sehr achtsam. Selbst die kleinsten Veränderungen in ihrer Umgebung fallen den gefiederten Tieren auf.
  Papagei Paco kann so viele Dinge, die ihn genauso einzigartig machen wie seine schwarzgefiederten Raben-Freunde. Und auch du bist einzigartig! Findet gemeinsam heraus, was euch ganz besonders macht. Und so geht's:

  Eine Person beginnt und sagt zur nächsten, was sie an ihr toll findet. Zum Beispiel: „Du kicherst so schön." Dann ist die andere Person dran und sagt, was sie am anderen mag. Vielleicht: „Du bist immer kuschelwarm, und darum kuschle ich so gerne mit dir." Und so könnt ihr die Übung immer weitermachen, bis ihr genauso viel Freude empfindet wie Papagei Paco und seine Rabenfreunde. Wenn ihr mögt, könnt ihr eure gesammelten Einzigartigkeiten aufschreiben oder aufmalen und immer wieder hervorholen, wenn euch danach ist.

Ich bin ein Glücksfinder

„Huhu, ich bin Emil – und ich bin auch schon wieder weg!"
Mit einem Satz hüpft der Rotschopf mit dem dicken, buschigen
Schwanz vom Ast und schwingt sich auf den nächsten. In Windes-
eile huscht er nach ganz oben in die Baumkrone. „Meine Freunde
sagen, ich bin das neugierigste Eichhörnchen der Welt", ruft er
aus dem Baumwipfel, der wild im Wind hin und her schwingt.
Blitzschnell turnt er durch die Äste. „Ich will immer alles an-
sehen und Neues entdecken. Überall gibt es so viel Schönes. Das
macht mich glücklich." Auf seinen flinken Beinchen krabbelt der
Eichhörnchenjunge den Baumstamm hinunter.

Unten reckt er seinen Kopf nach oben und richtet sich auf
seinen Hinterpfoten auf. „Oh. Was ist das denn?"

Liegt da wirklich ein großer Berg von Nüssen? Mit flotten
Hüpfern springt Emil über die Straße. Dann krallt er sich mit
seinen beiden Vorderpfoten eine Haselnuss und hamstert sie
schnell in seine Backen. „Das ist der größte Haufen Nüsse, den
ich je gefunden habe." Glücklich über seinen Fund, dreht sich das
kleine Eichhörnchen im Kreis.

Doch plötzlich horcht Emil auf. „Eeeemil Eichhorn! Woooo bist
du?", schallt es laut durch die Bäume.

Oje! Vor Schreck flappt Emil die Kinnlade
nach unten, und die Nuss kullert aus seinem
Maul.

Diese Stimme kennt er sehr gut: Es ist Mama Eichhorn. Und sie klingt gerade ziemlich sauer.

„Mist. Sie hat gemerkt, dass ich weg bin", sagt Emil. Er weiß, dass er eigentlich nicht alleine in den Wald darf. Mit klopfendem Herzen rennt er los in Richtung Zuhause.

Doch gleich auf dem nächsten Baum entdeckt Emil einen hübschen kleinen Vogel. Er sitzt auf einem Ast und singt sein Lied. Neugierig krabbelt Emil zu ihm hinüber und lauscht seinem herrlichen Gesang.

„Du singst so schön", sagt er zu dem kleinen Vogel, „ich könnte dir den ganzen Nachmittag zuhören. Was für ein großes Glück, dich zu hören." Doch da fällt es dem Eichhörnchen wieder ein: „Oh nein! Ich muss doch schnell nach Hause zu meiner Mama!"

Er winkt dem Vogel zu und huscht los zum nächsten Baum. Schneller als der Wind umrundet Emil den dicken Stamm, bis er auf dem Erdboden ankommt.

„Aua", ruft er und greift sich an seinen Kopf.

Irgendetwas hat ihn voll erwischt! Es ist eine dicke Eichel, die vom Baum gefallen ist. Emil reibt sich den Kopf und betrachtet seinen Fund neugierig. „So eine schöne Eichel habe ich noch nie gesehen. Wie sie glänzt! Die bringe ich meiner Mama mit. Sie wird ihr bestimmt Glück bringen."

Er putzt die Eichel ein bisschen und stopft sie sich ins Maul. Jetzt aber flott nach Hause! Emil rast los. Fast ganz ohne Ablenkung schafft er es zurück.

Mama Eichhorn erwartet ihn schon. Hoch aufgerichtet steht sie da, um nach ihrem Sohn Ausschau zu halten.

„Na endlich, da bist du ja. Wo warst du denn bloß?", fragt sie und klingt gleichzeitig verärgert und erleichtert. Da beginnt Emil zu erzählen, von seinen Abenteuern und Erlebnissen.

„Ich habe dir auch etwas mitgebracht!", sagt er am Schluss und lässt die Eichel aus seinen Backen kullern. „Ein Glücksbringer, extra für dich."

Da kann Mama Eichhorn nicht mehr schimpfen. Lächelnd hebt sie die glänzende Eichel auf, nimmt Emil in die Arme und kuschelt ihren kleinen Glücksbringer fest an sich.

„Danke", sagt sie gerührt. „Es ist so schön, dass du dich immer auf die Suche nach dem Glück machst."

Auch du bist ein Glücksfinder!

Jede Sekunde kann dich das Glück treffen - genau wie bei den Eichhörnchen. Die kleinen frechen Nager können sich nämlich nur EINE Sekunde auf eine Sache konzentrieren. Ziemlich kurz, oder? Sie finden einfach alles spannend und interessant und schauen sich gerne in ihrer Umgebung um. So können sie innerhalb kürzester Zeit eine Menge entdecken. Werde auch du ein kleiner Natur-Entdecker! Vielleicht wartet gleich hinter dem nächsten Blatt schon dein eigener Glücksbringer?

Wie Eichhörnchen Emil könnt ihr gemeinsam auf Entdeckungs-reise gehen: im Garten, in einem Park, im Wald oder an einem schönen Ort, an dem ihr noch nie wart. Werdet zu echten Ent-deckern: Was seht ihr? Was hört ihr? Was findet ihr? Seht euch gemeinsam ganz genau um: Vielleicht liegt ein besonders schöner Stein auf eurem Weg, oder ihr findet eine Nuss, so wie das kleine Eichhörnchen? Das kann euer Glücksbringer werden. Ein Be-gleiter für den Alltag, der immer dann mitkommt, wenn ihr ein bisschen Glück gebrauchen könnt. Oder ihr verschenkt ihn an einen lieben Menschen, dem ihr Glück wünscht. Viel Spaß beim Glück finden.

Ich bin ein Gefühlskapitän

„Hallooo, Krako Karle, ähm, Krake Karlo, oje, jetzt habe ich mich doch glatt versprochen. Das passiert mir öfter, wenn ich mich besonders freue. So wie jetzt. Weil es so schön ist, dich zu sehen." Seepferdchen Sia gleitet durchs Meer und stupst ihren Krakenfreund an.

„Ich freue mich auch tooootal, dich zu sehen, Sia!", ruft Karlo, wird vor Freude gelb, schwingt seine acht Tentakelarme weit nach oben und lässt sich durchs Wasser treiben. Das macht Spaß! Wann immer Karlo sich freut, wird er quietschegelb. Kraken können nämlich jederzeit ihre Farben wechseln.

Flink schwimmt Sia ihm hinterher. Gemeinsam tanzen und hüpfen die beiden Freunde über kleine Steinchen und Korallen, wirbeln im Kreis und drehen sich, bis ihnen fast schwindelig wird. Doch auf einmal erscheint ein großer, dunkler Schatten direkt über ihnen. Die beiden Freunde werden ganz still.

Karlo versucht, sich nicht mehr zu bewegen. Ein riesiger Hai schwimmt über den beiden und hält nach Leckereien im Wasser Ausschau. Karlo sieht sich nach einem Versteck um, doch überall nur Sand, ein paar kleine Steine und vereinzelte Korallen. Und mit einem Mal ist er verschwunden – er hat seine Farbe gewechselt und sieht jetzt genauso aus wie der Meeresboden – sandfarben. Karlo wickelt seine Tentakel ganz fest um seinen Körper und schwingt sanft von Seite zu Seite. Er ist jetzt fast unsichtbar, Sia kann sich in letzter Sekunde hinter einer Koralle verstecken – und so zieht der Hai vorbei, ohne sie zu entdecken. Schnell schwimmen Karlo und Sia zu Karlos sicherem Bau. Wer weiß, ob der Hai noch mal wiederkommt?

Als sie angekommen sind, schimpft Sia plötzlich laut: „Du bist so gemein! Statt mich zu beschützen, hast du dich einfach unsichtbar gemacht!" Wütend schwimmt sie auf und ab und bleibt dabei an einer Muschel hängen, die Karlo in die Wand seines Baus eingesetzt hat. Erschrocken hält sie inne. Doch es ist schon zu spät: Die Muschel rutscht heraus und die Mauer sackt in sich zusammen. Wie ein kleiner Wirbelsturm fliegen Korallen, Gräser und Sandkörner durch das Wasser.

Karlo wird knallrot. Vor Wut reißt er seine Arme hoch und lässt sie nach unten wirbeln! Dann wechselt seine Farbe plötzlich zu weiß und eine dicke Krakenträne kullert aus seinen Augen.

„Warum machst du das? Mein schöner Bau, du hast alles kaputt gemacht!", schluchzt er traurig. „Jetzt muss ich alles neu bauen!"

Sia schwimmt auf ihren weinenden Freund zu. „Es tut mir leid. Das war nicht mit Absicht. Ich war nur gerade so wütend!", sagt sie kleinlaut. Sanft stupst sie mit ihrem kleinen Rüssel Karlos Kopf an.

„Ich habe eine Idee! Wir bauen eine neue Höhle - zusammen! Ich helfe dir dabei!"

Wie durch Zauberkraft wechselt Karlo wieder die Farbe: Nun ist er wieder quietschgelb. Mit einem breiten Lächeln schlingt er seine Tentakel vorsichtig um das Seepferdchen, und gemeinsam tanzen die Freunde wieder durch das Meer, bis Karlos Tentakelärmchen ganz verknotet sind.

So wirst du ein Gefühlskapitän ...

Krake Karlo hat viele unterschiedliche Gefühle – genau wie wir Menschen. Gar nicht so leicht, damit umzugehen. Und dabei sind alle Gefühle richtig und gut. Ein erster Sortierungs-Versuch könnte mit dieser Frage beginnen: „Was fühle ich gerade?"

Seid ihr wütend? Nehmt die Wut bewusst wahr und benennt sie: „Hallo Wut!" Stellt euch fest auf beide Beine und lasst die Wut-krake brodeln: Streckt mit der Einatmung die Arme über den Kopf und spannt den Körper an. Mit der Ausatmung sausen die Arme über die Seiten nach unten und ihr ruft *„Ha"*. Lasst die Wut mit jedem Atemzug mehr aus euren Körpern herauszischen.

Spürt ihr Angst? Legt euch auf den Rücken, zieht eure Knie an den Oberkörper und flüstert: „Ich bin behütet." Kullert euch sanft von Seite zu Seite. Beides beruhigt das Nervensystem. Traurigkeit bringt oft Kullertränen mit. Was macht euch traurig? Sprecht darüber und gebt diesem Gefühl Raum. Eine feste Umarmung spendet zusätzlichen Trost. Tanzt den Tentakel-Tanz vor Glück. Bewegt euren Oberkörper in kreisenden Bewegungen von Seite zu Seite und macht Glückshüpfer. Wer mag, quiekt glücklich *„Hui"*. Freude kann riesengroß sein. Jubelt in unterschiedlichen Laut-stärken. Mal leise flüsternd, dann laut rufend oder rückwärts. Wie klingt eigentlich ein Krake beim Jubeln?

Ich bleibe bei mir

Tschhhhh, krrrhhh und bummbumm. Welch ein Getöse! Wal-Dame Walda klatscht empört mit ihren kurzen Flossen. Eigentlich wollte sie wie sonst auch entspannt ein paar Bahnen durch die Tiefen des Ozeans ziehen, doch heute wird sie dabei gestört: Es ist furchtbar laut unter Wasser! Was ist denn da bloß los?

Aus der Ferne hört sie laute Schiffsmotoren. Sie knattern und erschüttern die ganze friedliche Unterwasserwelt. Walda kneift die kleinen Augen zusammen und beobachtet, wie die kleineren Unterwassertiere aufgeregt herumkreisen. Die Fische sind wild in alle Richtungen gestoben, oder rauschen blitzschnell von Koralle zu Koralle. Die Unterwasserpflanzen wiegen und biegen sich durch die ungewohnte Strömung und schnellen zurück.

Nein, das gefällt Walda nicht. Walda mag es, wenn es ruhig um sie ist und wenn sie selber ganz bei sich sein kann.

Die Wal-Dame taucht ein wenig weiter ab und erhebt dann ihren mächtigen Körper aus den Tiefen des Ozeans, bis sie an der Wasseroberfläche ankommt. Mit einem lauten *PFFFF* schießt sie eine mächtige Fontäne aus ihrem Luftloch. Und dann sieht sie es: Hier oben sind unzählige Schiffe unterwegs! Und sie steuern genau in Waldas Richtung. Schnell taucht Walda ab. Doch die Schiffsmotoren brausen und sind so laut, dass die Wal-Dame ihr eigenes

Pfeifen und Klicken nicht mehr hören kann. Damit verständigt sie sich mit anderen Walen und tauscht mit ihnen geheime Botschaften aus. Jetzt kann Walda gar nicht mehr hören, was die anderen sagen.

Langsam bahnt sie sich ihren Weg durch das Meer und schwimmt weiter und immer weiter. Endlich wird es leiser. Die Geräusche verstummen nach und nach, das Dröhnen wird weniger. Walda schwimmt, bis sie eine kleine Bucht entdeckt, die etwas abgelegen ist. Nur ein paar Fische gleiten durchs Wasser, und alles wirkt still und entspannt. Hier ist nichts und niemand, der Walda stören könnte. Auch in ihr wird es immer ruhiger. Und so schließt sie die Augen und lässt sich vom Wasser durch das Meer treiben. Locker prustet sie durch ihr Blasloch am Kopf eine große Wasserfontäne aus – *prrrr*.

Nach und nach lässt sich Walda genüsslich zurück in die Tiefe sinken. Sie spürt, wie sie mit jedem Atemzug entspannter wird. Der Trubel, vor dem sie vorhin geflohen ist, ist fast vergessen. Die Wal-Dame ist jetzt ganz bei sich und hat das Gefühl, dass sie nichts mehr aus der Ruhe bringen könnte – egal, wie groß das Getöse um sie herum wäre. Walda schwimmt wieder Richtung Wasseroberfläche, setzt ganz elegant zu einem großen Sprung an und macht sich wieder auf den Weg zurück in ihr Revier: ganz entspannt mit tiefen Atemzügen und glücklichem Prusten.

Bleibe ganz bei dir ...

Poltern, Lärmen, Trubel – manchmal ist einfach alles zu laut und zu viel. Mit dieser Übung tauchen wir ab wie ein Wal und können so ganz bei uns selbst bleiben.

Stellt euch vor, der Ort, an dem ihr gerade seid, ist eine riesige Unterwasserwelt. Um euch herum ist so viel Wasser, dass ihr darin in Ruhe gleiten könnt. Ihr habt eine kleine Sauerstoffflasche dabei, durch die ihr entspannt Luft bekommt. Das ist eure Nase. Und mit jedem Atemzug durch eure Nasenlöcher kommt frischer Sauerstoff in euren Körper. Spürt ihr es schon? Ihr nehmt einen tiefen Atemzug und taucht mit leisem Blubbern ab. Wie ein Wal prustet ihr die Luft über eure weichen Lippen hinaus: *brrrr*. Dabei kribbeln eure Lippen ein bisschen. Wie Wal-Dame Walda geht ihr nun auf Entdeckungsreise: Welches Geräusch hört ihr? Ist es laut oder leise? Sprecht laut aus, was ihr gerade entdeckt habt. Atmet tief durch und zählt bis drei, bis ihr das nächste Geräusch entdecken wollt. Jeder Atemzug ist wie ein Walprusten und macht euch entspannter und ruhiger. Spürt ihr es schon?

Wusstet ihr eigentlich, dass Wale keine Nasenlöcher haben, sondern durch ein Blasloch an ihrem Kopf ausatmen? Sie können die Luft bis zu vierzig Minuten anhalten. Und wie lange schafft ihr das?

Heute wird ein Lieblings-Tag

Libelle Lilo reckt und streckt ihre glänzenden Libellenflügel.

„Ich bin startklar", ruft sie fröhlich und klimpert mit den Flügeln. „Heute ist ein toller Tag! Gleich fliege ich zu Fritzi. Und dann geht es los. Ich freue mich so", ruft sie aufgeregt. Denn Lilo hat sich etwas ganz Besonderes für ihre Frosch-Freundin Fritzi ausgedacht: einen Überraschungsausflug! Was auf dem Ausflug geschehen wird, weiß Lilo noch nicht. Aber das genau ist ja das Spannende!

In langen Schleifen schwirrt sie über den Teich, der noch ganz ruhig in der Morgendämmerung liegt. Hinüber zu dem Stein im Dickicht, auf dem Fritzi es sich gemütlich gemacht hat. Der Frosch schlummert und pustet die großen Backen im Schlaf auf.

Das sieht witzig aus. Die blaue Libelle kichert und beobachtet das Froschmädchen eine Weile. Schließlich aber hält sie es nicht mehr aus und ruft gut gelaunt: „Fritzi, Fritzi – aufstehen!"

Aufgeregt schwirrt sie um den grasgrünen Frosch herum. Doch ihre Freundin regt sich kein bisschen, sondern schlummert tief und fest. Also startet Lilo den Landeanflug und setzt sich mitten auf ihren Kopf. Erschrocken klappt der Frosch ein Auge auf und blickt nach oben.

„Ach, du bist das", sagt Fritzi erleichtert und gähnt. „Was ist denn los? Warum machst du so einen Lärm?" Sie schließt das eine Auge wieder und öffnet nun das andere.

Ungeduldig schwirrt die Libelle wieder etwas höher und piepst mit Vorfreude in der Stimme: „Ich will dich abholen! Zu einem Überraschungsausflug! Hast du Lust?"

Nun öffnet der Frosch beide Augen und blickt die kleine Libellenfreundin an. „Was ist denn die Überraschung?" Ein langes Quak-Gähnen kommt aus seinem großen Froschmaul.

Lilo flirrt um Fritzi herum: „Das werden wir dann schon sehen! Aber ich bin mir sicher: Dieser Tag hält einiges für uns bereit. So wie alle Tage! Und jetzt komm endlich. Oder soll ich dich noch ein bisschen wacher machen?", schlägt sie lachend vor. „Ich tippe Stellen an unterschiedlichen Körperteilen an, und du bewegst die dann, okay?" Schon fliegt sie an Fritzis Vorderbeine und tippt sie an.

„Na gut", quakt Fritzi und streckt erst ein Bein nach vorne, dann das andere.

„Und jetzt beide", ruft Lilo begeistert. Fritzi winkelt beide Beine an, streckt sie und reckt sich in die Höhe. Dann sackt sie wieder zusammen und landet auf ihren Froschschenkeln.

„Hihi." Schon eilt die kleine Libelle herbei und kitzelt Fritzi an ihren Füßen. „Guten Morgen, ihr kleinen Saugnäpfe", kichert sie. Fritzi macht einen Satz und landet mitten im Wasser.

„Brrr, das ist aber kalt." Fritzi pustet ihre Backen auf und spritzt etwas Teichwasser in Richtung der Libelle. „Jetzt bin ich wach", ruft sie lachend, springt auf das Blatt einer Seerose und streckt ihre langen Beine in alle Richtungen.

Lilo fliegt hinterher und setzt sich neben sie. „Na endlich! Jetzt kann der Tag losgehen. Ich bin schon so gespannt auf all die Überraschungen, die auf uns warten", sagt die Libelle und lächelt ihrer Frosch-Freundin zu.

„Welche Überraschungen meinst du denn jetzt?" Fritzi ist inzwischen ganz neugierig.

Doch Lilo schüttelt nur ihren Libellenkopf. „Keine Ahnung! Lassen wir uns überraschen. Deshalb heißt es doch Überraschung, oder?" Gemeinsam hüpfen und fliegen sie los und auch der vorher noch so müde Frosch jubelt nun: „Ich freue mich auf den Tag!", und hopst von Seerose zu Seerose.

So startest du deinen Lieblings-Tag!

Gäääähn! Bis zu 25-mal wachen wir in einer Nacht auf. Da ist es keine Überraschung, dass wir morgens manchmal gar nicht wach werden.

Mit ein paar Tricks klappt das trotzdem: Lasst euren Körper langsam in den Tag starten. Mit gedimmtem Licht oder einem Vorhang, der das Licht erst mal durch einen Spalt hindurchscheinen lässt. Reckt und streckt euch noch im Liegen in alle Richtungen und zieht die Arme weit hinter den Kopf. Begrüßt eure Zehen und wackelt sie einzeln wach. Und wie viele Bewegungen braucht ihr eigentlich, um eure Decke wegzustrampeln? Richtet euch zum Sitzen auf und streckt eure Arme so weit nach oben, wie es nur geht. Erreicht ihr schon die Zimmerdecke? Gähnt richtig laut und lange, vielleicht sagt ihr dabei „*Quaaaak*". Nun reibt ihr eure Fingerspitzen und rubbelt eure Ohren wach. Probiert das doch auch mal sanft beim anderen. Na, wer bekommt die heißeren Ohren? Reibt nun eure Hände vor der Brust und rubbelt sie richtig warm. Stellt euch vor, wie ein kleiner Funke zwischen euren Handflächen entsteht. Legt eure Hände über die Augen und spürt die Wärme. Auch das könnt ihr abwechselnd miteinander machen. Nun ist euer Körper wach, und ihr könnt mit einem Satz aus dem Bett hüpfen. Na, seid ihr bereit für neue Abenteuer? Sagt laut: „Ich freue mich auf diesen Tag", und klatscht dabei in die Hände.

Ich spüre wie ein Schmetterling

Ein sanfter Windstoß streicht über den Körper von Sunny, dem kleinen Schmetterling. „Das fühlt sich aber schön an", stellt Sunny fest, streckt seine zarten Flügel noch ein wenig mehr und genießt den kühlen Hauch.

Dieses Gefühl auf der Haut kennt der kleine Schmetterlingsjunge mit den leuchtend bunten Flügeln noch nicht. Denn eben erst hat sich die kleine Raupe Sunny in den Schmetterling Sunny verwandelt. Bis eben noch lebte sie in ihrem Kokon und wurde dort gut beschützt.

Der Windhauch ist vorbei, und Sunny streckt seine Flügel diesmal so weit er nur kann in alle Himmelsrichtungen. Sanft bewegt er sie auf und ab, auf und ab, bewegt sie immer kräftiger, bis er auf einmal abhebt.

„Oh, ich fliege", ruft er überwältigt und dreht vorsichtig ein paar wackelige Runden in der Luft.

Hier oben weht ein feiner Wind. Sunny spürt ihn überall auf seinem Körper prickeln. Er betrachtet die Blumen und flattert dann zu einer besonders schönen hinüber. Sie leuchtet in einem hellen Orange, seiner Lieblingsfarbe. Etwas holprig landet er direkt auf dem Blütenstempel. Dieser fühlt sich ganz eigenartig unter seinen kleinen Füßchen an. Die Blütenblätter wehen im Wind und kitzeln den kleinen Schmetterling am Bauch. Sunny muss lachen und wirbelt dadurch etwas Blütenstaub auf.

„Hatschi", niest Sunny in die Blüte, und der Staub tanzt vor ihm wie ein kleiner Wirbelsturm. Das sieht lustig aus!

„Was machst du denn da?", fragt plötzlich eine piepsige Stimme über Sunny. Sunny reibt sich den Blütenstaub aus den Augen. Ein kleiner Marienkäfer mit besonders vielen schwarzen Punkten landet direkt neben ihm. Er legt die leuchtenden Flügel auf seinem Rücken zusammen und streckt neugierig sein schwarzes Köpfchen mit den langen Fühlern nach Sunny aus.

„Da muss ich ja ganz doll nie–, hatschi!" Der Marienkäfer niest so laut, dass die Blume wackelt. „Ich bin übrigens Mimi. Ich hab dich hier noch nie gesehen. Bist du neu in der Gegend?", fragt er und tastet sich mit seinen Fühlern immer näher durch den Blütenstaub hindurch an Sunny heran.

„Ich habe mich gerade erst entpuppt oder wie das heißt", antwortet Sunny und wischt sich mit dem Fühler etwas Staub von einem Flügel. „So große Flügel habe ich jetzt", staunt Sunny und streckt sie über die ganze Blume. „Schau mal, die sind so groß, dass ich dich fast berühre."

Sanft stupst er Mimi mit einer Flügelspitze an. Sie grinst, freut sich über den sanften Schmetterlingskuss und versucht mit ihren rot-schwarzen Flügeln den bunten Schmetterling zurückzustreicheln.

Auf einmal wird es finster. Sunny hat eine feine Nase. Er schnuppert in die Luft und ist sich ganz sicher: Da zieht ein Gewitter auf. Und noch bevor er es aussprechen kann, rumpelt es am Himmel und dicke Regentropfen fallen herab. Sie landen mitten auf der Blume, auf der es sich der Schmetterling und der kleine Marienkäfer so gemütlich gemacht haben. Die beiden verstecken sich unter den großen Blütenblättern.

„Wie sich der Regen wohl anfühlt?", fragt Sunny und streckt neu-

gierig ein Beinchen aus ihrem Versteck. Er spürt die dicken Tropfen darauf und zieht es schnell wieder zurück unter die Blätter.

„Das ist ein komisches Gefühl. So kühl. Traust du dich auch?", fragt er Mimi.

Mutig hält auch sie ihr Marienkäferbeinchen hinaus, und ein dicker Tropfen landet darauf. Mimi wackelt etwas, schüttelt den Tropfen ab und kuschelt sich näher an Sunny und seinen warmen Körper.

Der Regen zieht schnell vorbei. Schon bald kommt am Himmel die große, leuchtend gelbe Sonne hervor.

Die Sonnenstrahlen wärmen die kleinen Tierchen schnell wieder auf, und sie recken und strecken sich dem Himmel entgegen. Das war aufregend!

Frisch gewaschen und gut gelaunt verabschieden sich Mimi und Sunny voneinander und freuen sich schon auf das nächste gemeinsame Abenteuer.

So gehst du auf Spür-Reise!

Wie Schmetterlinge haben auch wir einen feinen Spür-Sinn und können unterschiedliche Berührungen wahrnehmen. Welche genau? Findet es heraus und startet eure Schmetterlingsreise.

Einer von euch darf es sich gemütlich machen und die Augen schließen. Sanft wie ein leichter Windhauch pustet der andere nun über dessen Arme. Kribbelt das? Puste kräftiger, dann zart. Nun darf Regen über den Körper prasseln - wie ein kleines Sommergewitter. Tanze mit deinen Fingerspitzen leicht wie ein Sommerschauer los oder lass es richtig krachen. Frage nach, welche Stärke sich für deinen Partner gut anfühlt. Nun streiche wie ein warmer Sonnenstrahl mit deinen Fingern über seinen ganzen Rücken. An welcher Stelle ist es besonders schön?

Male mit deinem Finger ein Symbol auf, zum Beispiel eine Blume oder Sonne. Oder einen Schmetterling? Dein Partner darf raten, was es ist. Jetzt wird es kribbelig: Berühre mit deinen Wimpern seine Wange, bleibe an einer bestimmten Stelle und blinzle dort langsam auf und ab. Dieser Schmetterlingskuss kitzelt, oder?

Wenn ihr mögt, tauscht die Rollen – damit jeder auf Schmetterlingsreise gehen darf.

In einer Kopfsteh-Welt bleibe ich entspannt!

„Wuaaaah, Achtung, Sturzfluuug!"

Glühwürmchen Gustav taumelt durch die Nachtluft und flattert wild mit den Flügeln. In letzter Sekunde landet er auf einem Ast und krallt sich mit seinen Ärmchen fest. Sein Herz schlägt ganz wild!

Puh, das ging ja gerade noch mal gut, denkt er und blickt nach unten. Sein Po leuchtet das Dunkel so gut aus, dass Gustav sehen kann, wie hoch er geflogen ist. *Jetzt bin ich aber weit oben! Wie soll ich bloß wieder herunterkommen?*

In seinem Kopf schwirren die Gedanken umher, und er spürt, wie er Angst bekommt. Denn im Fliegen ist das Glühwürmchen noch gar nicht gut!

„Ob ich es je richtig lernen werde?", fragt sich Gustav. „Vielleicht kann ich einfach nicht fliegen! Aber ein Glüh-würmchen, das nicht fliegen kann – ist das überhaupt ein Glühwürmchen?"

Wie Blitze schießen die Gedanken durch Gustavs Kopf. Er seufzt entmutigt. Plötzlich beginnt der Ast zu wackeln und reißt ihn aus seinem Sorgenkarussell. Mit einem dumpfen Geräusch landet etwas direkt neben Gustav auf dem Baum. Neugierig blickt das Glühwürmchen zur Seite und sieht zwei Füße, die sich um den Ast krallen. Nanu, was ist denn das?

„Hallo, ihr Füße. Wer seid ihr denn?", flüstert er leise in die Nacht.

„Huch, du kannst sprechen?", hört er eine erschrockene Stimme. „Ich bin Frida."

Das Glühwürmchen reckt seinen langen Hals noch weiter zur Seite und runzelt die Stirn.

„Und du sprichst mit den Füßen?", fragt er verwundert.

Ein leises Lachen kommt von irgendwo unter dem Ast. „Nein, schau mal! Hier unten schaukel ich", antwortet Frida, und ein schwarzer, runder Kopf mit großen spitzen Ohren lugt von unten nach oben. „Ich bin eine Fledermaus – und hänge meistens kopfüber." Sie blickt Gustav mit freundlichen Augen an: „Und was bist du?"

Aufgeregt stottert das Glühwürmchen: „I... I... Ich bin Gustav. Ein Glühwürmchen. Du erkennst mich an meinem leuchtenden Po." Er zeigt mit seinen Fühlern in Richtung Hinterteil. „Und an meinen Flugversuchen, die eigentlich nie gelingen."

Traurig senkt er den Blick. Frida spannt ihre feinen Flügel weit zur Seite, schwingt sich mit einem Flügelschlag um den Ast und sitzt gleich darauf neben Gustav.

„Und das macht dir Sorgen, oder? So doll, dass du richtig Angst bekommst?", fragt sie einfühlsam. Gustav nickt betrübt. „Ich ... kann ich dir ein Geheimnis verraten?" Etwas aufgeregt blickt sie Gustav an, der kräftig nickt. „Ich habe Angst in der Dunkelheit.

Und das als Fledermaus! Merkwürdig, oder?" Geschickt schwingt sie sich nach unten und hängt wieder kopfüber. „Wenn ich merke, dass ich Angst kriege, lasse ich mich einfach hängen. So mache ich mir nicht so viele Sorgen. Das klappt echt!"

Gustav denkt kurz darüber nach, was Frida erzählt hat. Und auf einmal leuchtet sein Hinterteil viel stärker als zuvor. Langsam kriecht er an Frida heran und stupst seinen Leuchte-Po an sie.

„Weißt du was? Ich mache dir Licht! Dann brauchst du keine Angst mehr im Dunkeln zu haben."

„Eine tolle Idee!", ruft sie und schlägt Gustav vor, zu ihr nach unten zu kommen: „Lass deinen Sorgenkopf einfach baumeln."

Gustav kichert und robbt sich mutig am Ast hinab. „Jetzt kippen wir meine Sorgen einfach aus dem Kopf."

Da lacht auch Frida los. „Genau! Auch wenn die Welt kopfsteht, wir bleiben entspannt."

Gustav nickt und spürt, wie locker sich plötzlich alles anfühlt.

„… und dann klappt es auch irgendwann mit dem Fliegen", macht ihm die Fledermaus Mut. Und so baumeln die beiden neuen Freunde ganz sorgenfrei durch die hell erleuchtete Nacht.

So bleibst du entspannt!

Glühwürmchen Gustav macht sich viele Sorgen, als er die Fledermaus Frida trifft. Kennt ihr das Gefühl, dass euch ständig schwere Gedanken wie Blitze durch den Kopf schießen? Glühwürmchen haben sogar den Spitznamen „Blitzwanzen". Das passt ziemlich gut, oder? Es leuchtet übrigens nur ihr Po – und nicht der ganze Körper. Doch Gustavs Kopf läuft trotzdem ganz heiß vor lauter Sorgen. Wie gut, dass Fledermaus Frida ihm hilft.

Wenn ihr euch mal wie Gustav fühlt, dann probiert das: Legt euch auf den Rücken, streckt eure Beine in die Luft und rutscht mit euren Pos ganz nah zusammen. Eure Beine lehnen jetzt aneinander. Breitet die Arme zur Seite aus und atmet ein paar Mal tief durch. Spürt ihr, wie eure Beine kribbeln? Euer Kopf ist ganz entspannt, und alle Gedanken fließen hinaus. Bleibt für ein paar Minuten gemeinsam so liegen. Wenn ihr euch entspannt fühlt, krabbelt auseinander. Die Übung könnt ihr auch alleine machen: Lehnt dafür einfach eure Beine an eine Wand.

Und nun stellt ihr euch Rücken an Rücken aneinander. Ob ihr eure Hinterteile auch so zum Glühen bringt wie die Glühwürmchen? Reibt eure Pos aneinander, bis es warm wird und sich eure Sorgen in gemeinsames Kichern verwandeln.

Ich strahle wie die Sonne

Erdmännchen Eddi streckt den Kopf aus dem Erdloch und blinzelt in die Sonne.

„Hier draußen ist es schön!", ruft er aus. „So hell und so warm! Das ist der erdmännchenbeste Ort der Welt!"

Er krabbelt auf den heißen Boden der Savanne, richtet sich auf und hält seinen Bauch der Sonne entgegen. „Komm auch raus und wärm dich auf!", ruft er in den sandigen Bau hinab, wo seine kleine Schwester Emma noch hockt. „Hier lacht die Sonneeeeee und ruft jucheee." Dabei stößt er einen spitzen Freudenschrei aus.

Nachdem er eine Weile auf dem Savannenboden herumgetollt ist, macht Eddi es sich auf seinem flauschigen Hinterteil und den kräftigen Beinen gemütlich. Sein Schwanz stützt ihn dabei. Den Oberkörper hat er hoch aufgerichtet, um mit seinen scharfen Augen alles im Blick zu haben. Auch Emma ist inzwischen aus dem Bau gekrabbelt und blickt aus ihren noch etwas müden Augen ins helle Licht.

„Haatschiii!" Das Erdmännchen-Mädchen niest. Die Sonne hat sie in der Nase gekitzelt.

Wie schön es ist, gemeinsam in der Sonne zu sein und sich aufzuwärmen, denkt Eddi und lässt den Blick über die steinige Halbwüste vor ihrem Bau schweifen. Sein Körper ist schon ganz warm geworden.

„Das kribbelt richtig", stellt er fest und streicht sich mit den vier Zehen einer Vorderpfote über den Bauch.

„Hast du auch so ein warmes Kribbeln im Bauch?", fragt er seine Schwester. „Emma? Hallo, Eeeemmaaaa!"

Doch Emma antwortet nicht, sie ist eingeschlafen. Eddi tippt sie an.

„Gääähn! Uaaah! Was hast du gesagt?", murmelt das Erdmännchen-Mädchen, stützt sich auf ihren Schwanz und reckt ihre pelzige Brust noch etwas mehr Richtung Sonne. Lächelnd schlägt sie mit ihrem Schwanz auf und ab. „Es ist so schön warm hier! Hmmmm ... Die Sonne kribbelt richtig auf meinem Pelz", schwärmt sie und rubbelt sich mit ihren kurzen Pfoten über die lang gezogene Schnauze.

„Na, sag ich doch", kichert Eddi und kitzelt sie am Bauch. „Hier drin, da kribbelt's. So doll, als hätten wir die Sonne verschluckt."

„Die Sonne verschluhuhuhuckt, haha ..."

Beide kugeln sich vor Lachen auf dem trockenen Sandboden, bis sie ganz von Staub bedeckt sind.

„Komm, wir verteilen die Sonne überall auf unseren Körpern." Eddi strahlt übers ganze Erdmännchen-Gesicht und reibt sich den Bauch. „Hier in der Mitte, da kribbelt es doll – und wenn ich hier tippe, dann wird mein ganzer Körper mit Sonne voll." Begeistert reimt er los, während seine Pfoten über die Beine krabbeln. „Mein ganzer Körper ist richtig warm – das ist be- stimmt der Gute-Laune-Alarm."

Emma macht sofort mit: „Das kribbelt ja bis in die Krallen – hui, jetzt bloß nicht umfallen. Ich strahle wie die Sonne – und mein Reimen ist für die Tonne!", singt Emma lachend und reibt von ihrem Bauch aus über den ganzen Körper. „Hier, für dich – ein Sonnenstrahl", ruft sie und wirft ihrem Bruder gespielt ein paar Sonnenstrahlen zu.

Eddi versucht, die Sonnenstrahlen zu fangen, während Emma von einem Bein aufs andere hüpft und singt: „Ich strahle wie die Sonne, ich bin ein Sonnenschein ...", und Eddi stimmt fröhlich ein: „Nur das mit dem Reimen, das lässt du lieber sein."

Und wieder lachen beide los.

So strahlst du wie die Sonne

Kennt ihr das Gefühl, wenn euer Bauch kribbelt vor Freude? Es fühlt sich an, als hättet ihr die Sonne verschluckt. Von dieser wärmende Sonne könnt ihr jeder Person einen leuchtenden Strahl abgeben. Wie?

Stellt euch vor, dass ihr mit dem nächsten Atemzug die Sonne einatmet und mit einem Atemzug durch den Mund einen Strahl ausatmet und weitergebt. Sendet diese Sonnenstrahlen an alle Menschen, die euch einfallen. Nun verteilt ihr die Sonne in eurem ganzen Körper: Mit kreisenden Bewegungen streicht ihr über euren Bauch. Die Sonnenstrahlen wandern in alle Teile eures Körpers. Mit jedem Atemzug stellt ihr euch vor, wie euer ganzer Körper immer wärmer wird und die Sonnenstrahlen sich sogar über euren Körper hinaus verteilen.

Ihr könnt die Übung auch zusammen machen: Setzt oder stellt euch dafür einander gegenüber und reibt gegenseitig ganz sanft euren Bauch. Stellt euch vor, wie ihr die Sonne verteilt und der anderen Person Sonnenwärme abgebt.

Ich bin dankbar

„Wuff, wuff!" Der kleine Hund Hugo springt so schwungvoll über die grasgrüne Wiese, dass seine Tatzen nur so durch die Luft fliegen. „Wie schön es hier ist! Ich bin so froh, dass ich hier spielen kann", jubelt er und schnuppert mit seiner bunt gefleckten Schnauze im Gras. „Hm, und es riecht so gut! Da muss ein anderer Hund in der Nähe sein – und ich weiß auch genau, welcher: Leila."

Er dreht sich einmal um sich selbst, und tatsächlich: Da steht die kleine Hündin auch schon vor ihm. Hugo wedelt voller Freude mit dem Schwänzchen, so sehr, dass er sich mit der Schwanzspitze sogar selbst erwischt. „Es ist schön, dich hier auf der Wiese zu treffen."

Glücklich strahlt er die schwarze Hündin an. Doch Leila knurrt nur und schaut Hugo so böse an, dass er erschrocken einen Satz zurück macht.

Leila grummelt: „Heute ist es viel zu heiß. Und was soll schön daran sein, dass wir uns treffen?"

Hugo macht große Augen und sieht sie erstaunt an: „Na, alles! Hier ist doch alles wunderbar! Fühl mal, wie weich das Gras ist, auf dem wir toben können. Und wir können gemeinsam spielen, und wenn uns heiß ist, legen wir uns in den Schatten unter die Bäume", zählt der Hund auf. „Und Hauptsache, wir sind zusammen!"

Frech legt er eine Pfote auf Leilas Kopf und knabbert ganz zart an ihrem Ohr. Nun verwandelt sich auch ihr Knurren in ein fröhliches Glucksen, und gleich darauf kullern die beiden über die Wiese.

„Mit dir ist es wirklich immer schön", gibt Leila zu und zwickt Hugo liebevoll in den Po. „Aber ich muss jetzt leider weiter. Danke fürs Aufmuntern", sagt sie und läuft los.

Hugo winkt ihr fröhlich hinterher und ruft: „Bis morgen, Leila! Und danke für das tolle Toben!"

Nach dem wilden Spiel hat Hugo richtig Durst. Die Zunge hängt ihm weit aus dem Maul, und er hechelt vor sich hin. *Wo bekomme ich bloß Wasser her?*, fragt er sich.

Er stellt seine spitzen Ohren auf, lauscht, und hört bald ein leises Rauschen. Da ist ein kleiner Bach hinter den Büschen! *Ich habe so ein Glück*, denkt Hugo dankbar.

Er trinkt und trinkt und trinkt, bis seine Schnauze ganz nass ist. „Hier gefällt es mir, hier geh ich jetzt baden", beschließt der Hund, und schon taucht er seinen felligen Bauch in den Bach. Was für eine Erfrischung! Er planscht durch das Wasser, spritzt mit seinen Tatzen Wassertropfen in die Luft und fängt sie mit dem Maul wieder auf. *Wie schön die Tropfen in der Sonne glitzern!*

Nach einer Weile krabbelt er mit nassem Fell aus dem Bachlauf und schüttelt sich so kräftig, dass die Wassertropfen richtig weit fliegen. Vom vielen Spielen ist er ganz müde geworden. Er schnuppert am Boden und sucht sich eine besonders gemütliche Stelle aus.

„Hier bleibe ich", beschließt er und lässt sich auf dem weichen Gras unter einem Baum nieder. Genüsslich rollt er sich ein, legt die Pfoten übereinander und lässt seinen müden Kopf darauf sinken. Die Augen werden ihm so schwer, dass er sie kaum noch offenhalten kann. Doch Hugo blickt noch einmal über die Wiese, ruckelt seinen Schwanz am Boden gemütlich zurecht und seufzt zufrieden auf.

„Mir geht es so gut. Ich bin wirklich dankbar für alles", murmelt er. Dann klingt ein leises Schnarchen über die Wiese.

So fühlst du deine Dankbarkeit

So wie Hündin Leila sind wir manchmal einfach unzufrieden, und die Welt erscheint uns grau. Das ist bei Hunden wirklich so: Denn Hunde sehen weniger bunt als wir Menschen! Ist etwas pink, wirkt es für Hunde grau, Grün erkennen sie gar nicht, und bei der Farbe Rot sehen die felligen Vierbeiner gelb. Verrückt, oder? Und dann gibt es Momente, in denen wir spüren, dass es uns gut geht und wir dankbar sind, weil jeden Tag so viel Schönes geschieht – so wie Hugo. Diesen Momenten können wir mit einem Dankbarkeitsritual Aufmerksamkeit schenken.

Macht es euch dafür an einem ruhigen Ort gemütlich. Vielleicht zündet ihr eine Kerze an. Wenn ihr einen Glücksstein oder ein Lieblingsstofftier habt, könnt ihr diese zu eurem Dankbarkeitsritual mitnehmen. Nun überlegt gemeinsam: Was war besonders schön? Was hat gut geklappt? Wobei hattet ihr viel Spaß? In welchem Moment wart ihr gut gelaunt? Und wofür seid ihr dankbar? Erzählt euch davon. Ihr könnt es gemeinsam aufschreiben oder malen und so euer eigenes Dankbarkeitsbuch basteln. Schließt diese Übung ab, indem ihr die Kerze auspustet und eure Augen für einen Moment schließt.

Ich bin wach

„Hapüh, hapüh, hapüh ..." Ein leises Schnarchen tönt durch den lichten Eukalyptuswald. In den Baumkronen hat es sich Familie Koala gemütlich gemacht: Mama Koala, Papa Koala und Baby Koala. Die drei umklammern mit ihren kleinen, aber kräftigen Pfoten einen Ast und schlummern seelenruhig vor sich hin. Das tun sie seit einer ganzen Weile, nämlich schon über zwanzig Stunden. Denn lange schlafen, das lieben die kuscheligen, grauen Tiere ganz besonders. Eigentlich verschlafen sie fast den ganzen Tag. Alle – bis auf einen: Koala Kobi, der Sohn der Familie.

Der hellgraue Koala mit den weißen Puscheln an den Ohren hängt mit geöffneten Augen am Ast und wundert sich über seine verschlafene Familie. Er ist meistens hellwach! Manchmal langweilt er sich ein bisschen, weil er niemanden zum Spielen findet, wenn alle anderen schlafen. Doch eigentlich stört ihn das nicht wirklich. Denn Kobi ist gerne wach und beobachtet dann aufmerksam die Umgebung.

Unten am Boden raschelt es. Kobi dreht seinen flauschigen Kopf und stellt die großen, runden Ohren auf. Eine bunt gefärbte Schlange windet sich durch die Büsche am Boden. Kurz hält Kobi vor Aufregung die Luft an und beobachtet sie von oben ganz genau. Die Schlange zischt und schlängelt sich, bis sie weiterzieht.

„Puh, welch ein Glück. Keine Gefahr!" Erleichtert blickt Kobi hinüber zu seiner Familie.

Die drei schlummern immer noch tief und fest. Ihre runden Bäuche heben und senken sich mit jedem Atemzug, und entspannt prusten sie die Luft durch ihre schwarze Nase wieder hinaus.

„Pfff, pfff." Baby Koala macht die lustigsten Geräusche.

Kobi blickt in den Himmel. Dort ziehen gerade ein paar kleine Wolken auf.

Wolkenraten, freut er sich leise und lässt den Kopf etwas tiefer in den Nacken sinken. Dieses Spiel hat Kobi sich selbst ausgedacht: Wann immer er Wolken am Himmel entdeckt, versucht er, darin Tiere zu erkennen.

Hier, ein Elefant! Der steht ja auf dem Kopf! Ein Kopfüber-Elefant!

Der Koala kichert vor sich hin. Aber nicht zu laut, denn schließlich will er niemanden wecken. In der Ferne entdeckt er einen großen Adler, der am Himmel seine Runden dreht. Mit lauten Rufen umkreist der Greifvogel den Wald.

Oh, oh, hoffentlich bleibt er ganz hoch oben in der Luft, wünscht sich Kobi mit klopfendem Herzen, und sein Wunsch wird erhört. Der Adler fliegt weiter, dem Kopfüber-Elefanten hinterher. Kobi atmet erleichtert auf. Wieder keine Gefahr!

Nun greift der Koala mit seinen kleinen Händen zum nächsten Eukalyptusblatt und stopft es sich in den Mund. „Hmmm, einfach köstlich."

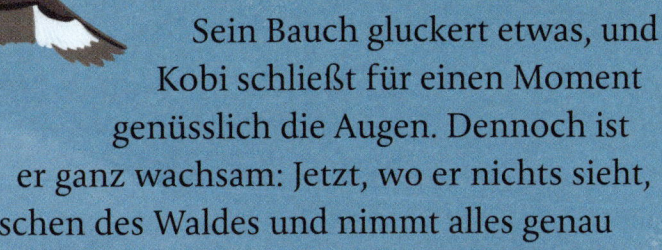

Sein Bauch gluckert etwas, und Kobi schließt für einen Moment genüsslich die Augen. Dennoch ist er ganz wachsam: Jetzt, wo er nichts sieht, lauscht er den Geräuschen des Waldes und nimmt alles genau wahr – ein Papagei krächzt heiser seinen Ruf und ein Kakadu stimmt ein. Das gefällt Kobi gut, und seine Lippen formen sich zu einem Lächeln.

Plötzlich kribbelt es an seinen Pfoten, und der Koala reißt die Augen wieder auf: Eine Waldameise krabbelt dort und kitzelt ihn an der weichen Haut zwischen seinen Krallen.

„Hey, du kitzelst mich", sagt Kobi und pustet sanft in Richtung seiner Pfote. Vom Windstoß weggehaucht, setzt die Ameise ihren Weg auf dem Ast fort. „Komm mich ruhig mal wieder besuchen, aber bitte nicht zwischen den Zehen kitzeln", ruft der Koala ihr leise nach und schaut wieder seine Familie an. Die drei Koalas schlummern immer noch tief und fest.

„Kein Wunder", sagt Kobi zu sich selbst. „Sie wissen, dass ich wach bin und auf uns alle aufpasse. Ich hab einfach alles im Blick!"

So wirst du Koala-wach!

Seid ihr manchmal auch so müde wie Koalas? Die grauen Kuscheltiere schlafen mehr als zwanzig Stunden am Tag – und wenn sie mal wach sind, dann fressen sie. Verrücktes Leben, oder? Doch nicht nur schlafen entspannt, sondern auch ganz bewusst wach und achtsam zu sein, so wie Koala Kobi. Habt ihr das schon mal ausprobiert?

Legt euch an einem schönen Tag auf eine Wiese und blickt in den Himmel. Kuschelt euch dabei am besten ein und macht es euch richtig gemütlich. Könnt ihr in den Wolken auch Tiere entdecken? Oder vielleicht Symbole? Das geht übrigens auch prima, wenn ihr aus dem Fenster blickt. Erzählt euch gegenseitig, was ihr seht, und zeigt den anderen eure Entdeckungen am Himmel, wenn sie sie nicht sofort erkennen. Vielleicht findet ihr ja sogar Koala Kobi in den Wolken?

Schließt dann die Augen und lauscht den Geräuschen in eurer Umgebung. Was hört sich angenehm an oder klingt komisch? Erzählt euch auch davon. Diese Übungen könnt ihr jederzeit in jeder Situation machen und wach und aufmerksam wahrnehmen, was um euch herum geschieht.

Ich bin in der Ruhe

Schildkröte Sammy hat keinen Grund zur Eile. Denn Ruhe ist für ihn etwas sehr Wichtiges. So kriecht er langsam mit seinem festen, dunkelgrünen Panzer auf dem Rücken über den Sandboden und tastet mit seinen weichen Füßen nach manch kleinem Steinchen, das dort liegt. Immer im Zeitlupentempo, ganz gemütlich. Heute möchte er zum Meer, und das Meer ist weit entfernt, doch er geht auch diesen Weg ganz in Ruhe. Und wenn man sich nicht hetzt, dann kann man alles ganz genau um sich herum wahrnehmen.

„Wie warm sich der Sand anfühlt", stellt Sammy fest und verharrt einen Moment. Unter seinen Füßen und an seinem Bauch spürt er die Wärme. Voller Genuss schließt er die Augen und lauscht seiner Umgebung.

Da ... Ein leises Flattern erklingt. Sammy öffnet langsam die Augen und dreht seinen faltigen Kopf von einer Seite zur anderen und von unten nach oben. Ganz oben, über ihm, entdeckt er schließlich einen winzig kleinen Vogel, schillernd in den schönsten Farben. Er saust über der Schildkröte hin und her, so schnell er nur kann: vorwärts, seitwärts, von rechts nach links und sogar rückwärts.

„Nanu, wer bist du denn?" Schon beim Zuschauen wird Sammy ganz schwindelig.

„Ich bin Keko, der Kolibri. Und ich bin der einzige Vogel der Welt, der rückwärts fliegen kann", antwortet der kleine Vogel, während seine Flügel fast noch schneller schlagen. Er beginnt, rückwärts kleine Pirouetten um die Schildkröte herum zu drehen.

„Hui, du bist aber schnell. Landest du auch mal zwischendurch?", fragt Sammy und lächelt den Vogel an. Dann deutet er auf die funkelnden Körner unter sich und schwärmt: „Der Sand fühlt sich richtig schön an."

Kekos Flügel tanzen in der Luft. Mit seinem langen, gebogenen Schnabel zwitschert er: „Leider keine Zeit. Ich muss schnell weiter", antwortet er, und schwups, schon ist er in himmlische Höhen entschwebt. Sammy blickt ihm hinterher, bis er in einem Blütenstrauch verschwindet.

Vom Laufen im Sand und vom schnellen Hinterherschauen ist die Schildkröte ganz müde geworden. Der Kolibri war einfach zu flink. Das ist nichts für Sammy. Die Schildkröte zieht ihren Kopf und ihre Beine ein. Ganz ruhig liegt sie da.

„Welch ein gemütlicher Stein", hört Sammy da eine Stimme und öffnet vorsichtig ein Auge. Es ist eine kleine Schnecke, die gerade den großen, graugrünen Sammy-Berg erklimmt. Ihr schleimiger Körper hinterlässt eine klebrige Spur. Der Sammy-Berg rührt sich, und sein faltiger Nacken kommt zum Vorschein.

„Hilfe! Ein Stein, der sich bewegt!" Die Schnecke kreischt erschrocken, als Sammy seinen Körper schwerfällig etwas anhebt und zu sprechen beginnt.

„Ich bin Sammy, eine Schildkröte, die sich ausruht. Und wer bist du?"

Vor Schreck zittert die Schnecke noch immer und stammelt: „Ich bin Sina, die Schnecke. Und ich wollte mich auch nur ein bisschen ausruhen. Auf diesem wunderschönen, großen Stein. Aber du bist ja gar kein Stein!" Sina beginnt zu lachen, und auch Sammy lacht mit.

„Du kannst ruhig auf mir dösen, das stört mich nicht", antwortet er. „Eigentlich möchte ich zum Meer, aber ich habe es nicht eilig", erzählt Sammy.

„Das ist gut, denn ich habe es auch nicht eilig", erwidert die Schnecke, und Sammy nickt zufrieden.

„Eigentlich haben es immer alle eilig, die ich treffe", sagt die Schildkröte, und Schnecke Sina nickt, während ihre Fühler im Wind schwingen. „Du bist die erste, bei der das nicht so ist."

Sina wackelt nachdenklich mit dem Kopf. „Also, ich mag es einfach, wenn alles langsam geht. So kann ich viel mehr wahrnehmen und entdecken, zum Beispiel einen tollen Stein wie dich."

„Dann passen wir ja wunderbar zusammen. Komm, lass uns gemeinsam ganz gemütlich reisen", sagt Sammy freundlich. Sina juchzt begeistert.

Und dann kriechen sie im Schildkröten-Schnecken-Tempo weiter Richtung Meer.

So wirst du ruhig wie eine Schildkröte!

Schildkröten sind echte Ruhekünstler: Sie tauchen im Winter für ganze vier Monate in einen Schlamm- oder Seeboden ab und atmen dort entspannt durch die Haut. Ob sie deshalb so in der Ruhe sind? So ähnlich klappt das auch bei uns Menschen. Kaum vorstellbar? Dann probiert es aus.

Kuschelt euch in eine Decke ein, legt euch auf den Rücken und macht euch ganz klein. Zieht die Knie entspannt zur Brust und schließt die Augen. Lauscht eurer Atmung, wie sie ganz in Ruhe ein- und ausströmt. Spürt ihr, wie euer Brustkorb sich hebt und senkt – und ihr ganz ruhig werdet? Stellt euch vor, ihr seid in der Ruhe wie Sammy, die Schildkröte. Was nehmt ihr nun von der Umgebung wahr? Flirrt auch irgendwo ein Vogel? Und wie fühlt sich der Boden an?

Wenn bei euch Sina, die Schnecke, auf den Rücken krabbeln würde, kitzelt das bestimmt ziemlich, weil ihr keinen Panzer habt. Wollt ihr das mal spüren? Dann legt euch auf den Bauch, macht euch ganz klein und zieht eure Knie im Liegen unter den Bauch. Die andere Person streicht über euren Rücken und malt kleine Schneckenspuren oder andere Tierbewegungen auf den Rücken. Erratet ihr, welche Tiere es sind?

Ich bin ein Wunsch-Verschenker

Die weiße Stute Palomina galoppiert glücklich mit ihrem Freund, dem kleinen Pony Pepper, über die Weide. Sie rauscht mit ihren Hufen durch das saftige Gras und genießt die warmen Sonnenstrahlen auf dem Fell.

Wie gut sich das anfühlt, denkt sie und schüttelt genüsslich ihre lange, glänzende Mähne. Langsam fallen sie in einen entspannten Schritt. Pepper sieht sie an.

„Ich wünschte, ich hätte auch so eine schöne, glänzende Mähne!", sagt das Pony sehnsüchtig.

Palomina sieht ihren Freund erstaunt an. Sie will ihm gerade antworten, als ein Regentropfen sie auf der Nase trifft. Palomina schüttelt sich kurz und blickt nach oben. Wie aus dem Nichts ziehen dicke Wolken am Himmel auf. Sie werden dichter, und immer dickere Regentropfen sausen in Richtung Erdboden. Gleichzeitig schickt die Sonne ihre hellsten Strahlen, und ein wunderschöner bunter Regenbogen bildet sich.

Und plötzlich geschieht etwas Magisches: Ein helles Licht blitzt auf, und auf einmal trabt Palomina über den Regenbogen, rutscht am Ende hinab und landet mitten auf einer lilafarbenen Wiese. Sie schüttelt sich ungläubig den Schopf aus der Stirn: Auch der Himmel ist rosa gefärbt, geschmückt mit einem riesigen Regenbogen, und glitzernde Schmetterlinge in den schönsten Farben tanzen umher.

„Wo bin ich hier?", wundert sie sich.

„Willkommen im Einhorn-Wunschland! Schön, dass du zu uns gefunden hast. Ich bin Saphira, und ich freue mich, dich kennenzulernen."

Ein fröhlich wieherndes Einhorn mit regenbogenfarbener Mähne trabt auf Palomina zu und begrüßt sie.

„Du bist ja ein ... Einhorn", bemerkt Palomina verwundert, und Saphira wiehert und kichert.

Mit dem Maul tippt sie Palomina sanft an. „Komm mit, ich zeige dir unser Land!"

Und so traben die beiden über die rosa schimmernde Wiese.

Da beginnt Saphira zu erzählen: „Bei uns im Einhorn-Wunschland haben alle, die den Weg hierher finden, einen Wunsch frei. Und zwar einen ganz besonderen Wunsch."

Saphira stoppt kurz und schaut Palomina an. Dann erzählt das Einhorn weiter. „Denn dieser Wunsch ist nicht für dich selbst, sondern für jemanden, den du gerne magst. Vielleicht fällt dir ja jemand ein, der einen Wunsch hat, den er sich selbst nicht erfüllen kann?" Palomina lauscht Saphiras Worten mit gespitzten Ohren. „Dieser Wunsch ist ein Wunsch, den du nicht kaufen kannst. Denn alle Wünsche im Einhorn-Wunschland kommen aus vollem Herzen und berühren den anderen auch genau dort."

Palomina schließt die Augen. Sie braucht nicht lange zu überlegen, wem sie einen Wunsch schenken möchte. „Ich weiß jemanden", sagt sie und sieht in Gedanken sofort ihren kleinen Freund Pepper vor sich, der sich eine lange Mähne wünscht.

„Wie schön! Dann kann es losgehen", sagt Saphira. „Schließe die Augen und denke ganz fest an diesen Wunsch und die Person. Und nun lassen wir den Wunsch frei – und er kann über den Regenbogen seine Reise antreten und direkt ans Ziel kommen."

Palomina schließt die Augen und schickt ihren Wunsch los. Mit einem zufriedenen Lächeln öffnet sie kurz darauf ihre braunen Augen wieder und blickt zu Saphira hinüber. Doch das Einhorn ist verschwunden und mit ihm auch das Einhorn-Wunschland. Palomina ist wieder auf ihrer grünen Weide angekommen. Versonnen blickt sie in den Himmel und sieht gerade noch, wie der Regenbogen langsam verschwindet. Und auf der Wiese läuft Pepper, und seine schöne Mähne weht im Wind.

So wirst du ein Wunsch-Verschenker!

Für einen Regenbogen braucht es immer Sonne und Regen. Nur wenn die beiden sich treffen, erscheint der Bogen mit den sieben Farben am Himmel. Manchmal bilden sich sogar zwei Regenbögen gleichzeitig. Habt ihr schon mal einen gesehen oder auch zwei?

So wie Palomina im Einhorn-Wunschland können auch wir gute Gedanken und Wünsche für andere verschicken. Sucht euch dafür einen Ort, an dem ihr Ruhe habt und euch niemand stört. Legt eure Hände aufs Herz und lauscht eurem ganz eigenen Herzschlag. Schließt sanft eure Augen und atmet tief ein und aus. Denkt nun ganz fest an den Menschen und den Wunsch und stellt euch vor, wie er in Erfüllung geht. Vielleicht fühlt es sich ja fast so an, als könntet ihr den Moment vor eurem inneren Auge sehen. Atmet noch ein paar Mal mit geschlossenen Augen ein und aus. Öffnet die Augen wieder und lächelt euch zu. Wenn ihr mögt, erzählt euch von eurem Wunsch oder behaltet ihn als Geheimnis ganz für euch alleine. Wann immer ihr einen Regenbogen seht, könnt ihr an Palomina und das Einhorn-Wunschland denken und euch etwas für einen lieben Menschen wünschen.

Ich bin in Bewegung

„Mir ist so laaaangweilig!" Affe Ali kratzt sich am Kopf und schaut sich träge um.

„Mir auch", sagt Ada und knabbert an dem Finger, mit dem sie gerade ihren Bruder gelaust hat. Faul schaut die Affenbande in den Dschungel.

„Sieht alles wie immer aus", grummelt Ali. „Eigentlich ist einfach alles grün." Er senkt den Blick wieder, wickelt seinen Schwanz um einen Ast und stößt ein lautes Seufzen aus. „Kein Grund, sinnlos herumzuspringen."

„Mmmh, hier oben gibt's was Leckeres", hört er da einen kleinen Affen vor sich hin schmatzen und überlegt kurz, ob er zu ihm hinaufklettern sollte. Doch er verwirft den Gedanken gleich wieder.

„Ach, ich hab keine Lust. Viel zu anstrengend", grummelt er und setzt sich wieder zurück auf seinen flauschigen Affenpo. „Hat jemand eine Idee, was wir machen könnten?" Ali sieht sich um, doch die anderen Affen schütteln bloß die gesenkten Köpfe.

„Nöööö", murmeln sie einstimmig und schauen stumpf vor sich hin.

Da raschelt es plötzlich im Gebüsch, und ein kleiner roter Kreis leuchtet dort. Es ist ein Pavianpo, und zack, springt auch schon das Pavianmädchen Pia zwischen zwei Lianen hervor.

„Ich! Ich habe eine Idee. Denn ich habe etwas entdeckt!" Pia breitet die kleinen, flinken Arme so weit aus, wie sie nur kann, und plappert atemlos: „Ein riesengroßes

Affen-Labyrinth! Ihr könnt es euch nicht vorstellen. Und ich habe es gefunden! Kommt schnell mit, los, loos, looos – schnell!"

„Was ist denn ein Affen-Labyrinth?", murrt Ada träge.

„Das Affen-Labyrinth ist einfach aufregend! Ein großer Spielplatz und Kletterpark, nur für uns!"

Da werden auch die anderen Affen munter und hören gespannt zu.

„Und wo ist das?", will Ali wissen und kratzt sich wieder am Kopf.

„Ich kenne den Weg. Aber ihr müsst alle mitkommen. Denn es gibt dort einige Aufgaben zu erledigen. Seid ihr bereit?" Pia springt von einem Bein aufs andere und tänzelt mit ihren flinken Füßen über den Dschungelboden. „Los, folgt mir."

Und so schwingt sich ein Äffchen nach dem anderen von seinem Platz und folgt Pia.

„Spürt mal in jede Ecke – ich zeige euch, wie es geht. Macht es mir einfach nach", ruft das Pavianmädchen.

So langsam werden die Affen wacher und schütteln ihre Langeweile ab.

„Ja, wir machen alles, was du willst! Wir wollen eine affenstarke Kletterparty feiern!" Ali klatscht laut in seine großen Hände.

„Schwingt euch von Ast zu Ast", singt Pia, „und haltet euch mit euren Schwänzen am Baum fest."

Die Äffchen schwingen und schwingen.

„Jetzt krallt euch mit euren Fingern fest und lasst euch die Lianen hinabse-hehe-hegeln", ruft sie, und die anderen Affen stimmen in ihren Singsang ein und fliegen mit lautem Lachen durch den Dschungel. Manchmal erwischen sie sich dabei gegenseitig mit ihren Schwanzspitzen.

„Jetzt krabbelt mit großen Schritten über den Boden und presst eure Füße und Zehen so fest hinein, dass ihr eure Fußabdrücke sehen könnt", ordnet Pia an.

Sie hat immer mehr Ideen! Nun springen alle Äffchen so hoch, wie sie nur können, immer dem Pavian hinterher.

„Und wer kommt an die Kokosnuss?", ruft Pia jetzt. Da strecken alle die Arme so weit aus, dass sie nach der Kokosnuss angeln können.

„Ich hab sie!", ruft Ada nach unten zu Ali und lässt die Nuss hinabsegeln. Blitzschnell fängt er sie auf und balanciert sie geschickt auf seinem Kopf.

„Wir haben es geschafft!" Pavian Pia klatscht in die Hände. „Die ganze Affenbande ist in Be-we-gung!", singt sie, und alle Affen beginnen zu tanzen.

So komme ich in Schwung!

Kennt ihr das, wenn sich alles langweilig anfühlt? Ja? Dann lest mal schnell weiter. Denn hier wird es affenstark: Pia und ihre tierischen Freunde starten eine lustige Affenparty, bei der sich alles bewegt – von der Nasenspitze bis zum kleinen Zeh, juche! Affen sind nämlich neugierig und haben lustige Ideen. So wie ihr ganz bestimmt auch. Los geht's!

Sucht euer Lieblingslied aus und dreht es so laut, dass ihr gemeinsam dazu singen könnt. Setzt euch in die Hocke und startet eure eigene Affenparty.

Lauft nun wie Affen durch den Raum und hüpft zur Musik auf und ab. Einer von euch stoppt die Musik und nennt ein Körperteil, z.B. den Kopf. Diesen bewegt ihr in alle Richtungen, die euch einfallen. Mal wild, dann wieder langsam, nach vorne und zurück. Geht die Musik weiter, rast ihr wieder wie wilde Äffchen durch den Wald. Hüpfen, singen, tanzen – in dieser wilden Affenwelt ist alles erlaubt. Beim nächsten Stopp sucht ihr euch ein anderes Körperteil aus und bewegt es. Wie wär's mit nur einem Bein? Hui, das kann ziemlich wackelig werden. Schafft ihr es, alle Körperteile zu spüren? Auch die einzelnen Zehen? Das wird ein Affenspaß!

Ich empfinde mit all meinen Sinnen

Grunz, grunz, schnüffel, schnüffel, lautes Flügelschlagen. Im Wald ist richtig was los! Die Tiere haben sich unter einem riesigen Baum versammelt.

Es sind Wildschwein Willi, ein Fuchs namens Ferdinand, den aber alle nur Ferdi nennen, Adler Andi, der riesengroße Flügel hat, Ida, der Igel mit den minikurzen Beinen, und die neugierige Raupe Rosa.

Willi reckt seinen Rüssel weit nach oben und leckt die letzten Erdkrümel aus seinem Gesicht. Ferdi schleicht auf leisen Pfoten um den dicken Stamm und beobachtet die kleine Rosa, die sich langsam am Stamm abseilt. Ida kugelt sich zusammen und kullert ein paar Runden auf ihren Stacheln, während Adler Andi auf der obersten Spitze des Baumes sitzt und seinen Blick über die Baumwipfel schweifen lässt.

Plötzlich erklingt eine laute Stimme: „Was ist denn hier los? Was wollt *ihr* denn alle?"

Der Baum spricht! Mit einer tiefen Stimme, ganz langsam und gut hörbar. Die Waldtiere sind vor Verwunderung ganz still.

Das quirlige Wildschwein plappert als Erster los: „Mein borstiger Rüssel hat einen neuen Geruch erschnuppert. Es duftete so gut nach frischem Harz und zartem Holz. Ich habe die Fährte aufgenommen und bin dann immer dem Rüssel nach. Und so bin ich bei dir gelandet. Du riechst einfach so gut!" Und während er das erzählt, schmatzt er, so laut er nur kann.

Die kleine Igeldame kommt vorsichtig aus ihrer Stachelkugel hervor, streicht ihre Stacheln zurecht und erzählt mit piepsiger Stimme: „Eines Abends wollte ich gerade Blätter für mein Abendessen sammeln, da entdeckte ich ein Blatt, das ich so noch nie geschmeckt habe. Ganz frisch und saftig, lecker und kernig – genau so, wie ich Blätter am liebsten mag. Und dann bin ich den Blättern nachgegangen und bei dir angekommen."

Da spricht Adler Andi von ganz oben aus der Baumkrone: „Jeden Tag fliege ich mit weit gespannten Flügeln über den Wald und beobachte alles, was passiert. Doch so etwas habe ich noch nie gesehen: Einen Baum, so viel größer als alle anderen, so wunderschön leuchtend und stark, mit Ästen, so kraftvoll wie kein anderer. Und so habe ich Kurs auf dich genommen, und jetzt bin ich hier." Er greift mit seinen Krallen um einen Ast und faltet seine Flügel zufrieden auf seinem Rücken.

Raupe Rosa sagt: „Ich bin neugierig und krieche gerne von Baum zu Baum. Doch du bist besonders: Denn deine Rinde ist so schön. Wenn ich auf dir klettere, ist das wie eine kleine Massage. Hihi, das kitzelt richtig. Und so habe ich beschlossen, einfach hierzubleiben – hier, bei dir." Und während sie das sagt, schmiegt sie sich noch mal extra fest an den Baum, als würde sie ihn umarmen.

„Und was willst du hier?", fragt der Baum als letztes den Fuchs.

Ferdi hat noch gar nichts gesagt. Er ist ein bisschen scheu, traut sich aber nun doch: „Kein Baum raschelt so wie du. Ich streife umher, von Baum zu Baum, von Höhle zu Höhle, aber die Geräusche, die du machst, habe ich noch nie gehört. Deine Blätter rascheln so wunderbar, und wenn sich deine Äste im Wind wiegen, dann klingt das wie ein leises Lied. Darum komme ich jeden Tag zu dir und lausche deinen Liedern." Ferdi senkt schüchtern die Augen.

Da lacht der riesige, besondere Baum laut los. „Hahaha, ich freue mich sehr, dass ihr alle hier seid. Was ihr alles gut könnt! Riechen, Schmecken, Fühlen, Hören, Sehen! Ich stehe seit fast hundert Jahren hier und komme nicht vom Fleck. Manchmal ist das auch etwas einsam. Kommt, erzählt mir von eurer Welt."

Und so erzählen die Tiere: Willi das Wildschwein davon, wie er mit seiner Wildschweinfamilie einen großen Pilzhaufen erschnüffelt hat, Igel Ida von Tausendfüßlern, die sie so gerne knabbert, Adler Andi von dem Ausblick aus den Baumkronen, Raupe Rosa von ihren zarten Härchen auf dem Rücken, mit denen sie die Umgebung spüren kann, und Fuchs Ferdi von dem Gesang der Gräser.

So sind meine Sinne

Wusstet ihr, dass wir neben unseren fünf klassischen Sinnen Riechen, Schmecken, Hören, Sehen und Tasten mit noch mindestens drei weiteren Sinnen ausgestattet sind? Dem Gleichgewichtssinn, dem Sinn für Temperatur und der Wahrnehmung unseres eigenen Körpers, auch Tiefensensibilität genannt. Toll, oder?

Wie die Tiere im Wald erkunden wir nun die Umgebung mit allen Sinnen. Schließt eure Augen und atmet tief ein und durch den Mund aus. Konzentriert euch nun auf den Hör-Sinn. Welche Geräusche könnt ihr hören? Was ist besonders laut und was hört ihr vielleicht erst, wenn ihr ganz still werdet?

Lasst die Augen gerne noch geschlossen und nehmt einen tiefen Atemzug durch die Nase. Welcher Geruch ist gerade da? Duftet es nach etwas? Oder stinkt es vielleicht sogar? Schnuppert ein paar Atemzüge lang.

Wie fühlt sich das an, wo ihr gerade seid? Tastet mit geschlossenen Augen den Boden ab oder das, was sich in der Nähe befindet.

Nun kommen wir zum Mund: Schmatzt ein bisschen und schmeckt mal. Könnt ihr einen Geschmack erkennen? Und nun: Augen auf und schauen! Seht euch ganz aufmerksam um. Was entdeckt ihr? Welche unterschiedlichen Farben könnt ihr wahrnehmen? All diese Sinne funktionieren ganz automatisch und meistens zusammen. Ist das nicht verrückt?

Ideen für zwischendurch

Kleine Übungen können manchmal Großes bewirken! Diese neun Ideen bieten spielerisch Hilfestellung in verschiedenen Situationen im Familienalltag.

Kuscheltieratmung, wenn alles etwas zu viel wird

Legt euch gemütlich auf den Rücken und platziert ein Kuscheltier auf eurem Bauch. Beobachtet, wie es sich mit jedem Atemzug hebt und senkt. Atmet ein und lasst das Kuscheltier nach oben tanzen, mit der Ausatmung geht der Bauch wieder nach unten. Lasst das Kuscheltier so lange im Atemrhythmus tanzen, bis ihr ruhiger geworden seid. Spürt nach. Wie fühlt ihr euch?

Motivationsmomente für gute Gefühle

Ein achtsames Spiel für jeden Moment: Was könnt ihr besonders gut? Sagt es euch gegenseitig: Ich kann ... – und hier fügt ihr etwas an. Ihr könnt den Satz auch für die andere Person vervollständigen. Spielt dieses Spiel, so lange es euch Spaß macht. Und? Wie fühlt es sich an, so voller guter Gefühle zu sein?

Fingertanz bei innerer Unruhe

Kommt ihr nicht zur Ruhe, hilft der Fingertanz: Bringt nacheinander eure einzelnen Finger zum Daumen. Immer, wenn der Daumen einen anderen Finger trifft, sagt ihr ein Wort: Daumen trifft Zeigefinger: „ICH", Daumen trifft Mittelfinger: „BIN", Daumen trifft Ringfinger: „GANZ" und Daumen trifft kleinen Finger: „ENTSPANNT". Ich bin ganz entspannt! Das macht ihr so viele Runden, wie ihr mögt. *Pssst* ... Auch Flüstern ist erlaubt.

Wunschpusten für leichte Gedanken

Wenn die Gedanken schwer im Kopf hängen, hilft Wunsch-Pusten mit Seifenblasen. Atmet ein, denkt an die Gedanken, die ihr loslassen wollt, und pustet sie beim Ausatmen mit der Seifenblase hinaus aus eurem Kopf. Blickt der Seifenblase hinterher und spürt, wie eure Sorgen weit hinaus in die Welt schweben.

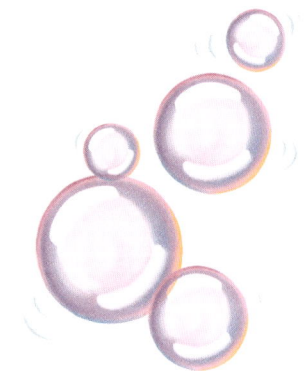

Kuschelrolle bei motorischer Unruhe und Überdrehtheit

Alles ist gerade wild und fühlt sich unkontrollierbar an? Mit der Kuschel-Rolle bringt ihr Ruhe in euren Körper und Geist: Breitet eine Decke auf dem Boden aus, und eine Person legt sich darauf an eine Seite. Die andere Person rollt sie nun so ein wie einen Pfannkuchen. Bei dieser Übung wird das Nervensystem heruntergefahren. Nach einer Weile, wickelt ihr euch wieder aus und tauscht. Fühlt ihr einen Unterschied?

Armband zur Konzentration

Eure Gedanken schweifen oft ab? Hier kommt ein schöner Trick zur Konzentration: Ein selbst gebasteltes Armband erinnert euch immer wieder daran, hierzubleiben und im Moment anzukommen. Aus unterschiedlichen (Woll-)Fäden flechtet ihr gemeinsam ein Band mit dem Gedanken, im Jetzt zu sein. Legt euch das Band gegenseitig um, so werdet ihr automatisch jeden Tag daran erinnert, wenn ihr das Band anseht. Praktisch, oder?

Blindes Vertrauen für mehr Vertrauen

Zweifelt ihr oder kommen (zu) viele Gedanken auf? Dann vertraut auf euch selbst und spürt, wie ihr zusammen sicher seid. Verbindet einem von euch mit einem Tuch sanft die Augen. Wer nun nichts mehr sehen kann, lässt sich mit geschlossenen Augen von der anderen Person führen. Wie fühlt sich das an? Ziemlich vertraut, oder? Wechselt anschließend und teilt eure Erfahrungen miteinander.

Collage für glückliche Momente

Was macht euch besonders glücklich? Mit einer Glückscollage sammelt ihr diese Momente. Sucht aus Zeitschriften und Zeitungen Motive aus, die euch Freude machen. Klebt alles auf, schreibt eure Namen dazu oder malt etwas, wenn ihr mögt. Vielleicht bekommt euer Bild ja einen ganz besonderen Platz – und schenkt euch so immer Glücksmomente.

Riccarda Ley

Riccarda Ley bringt als Chefredakteurin für Kinder- und Jugend-Medien ihre Ideen seit über 15 Jahren aufs Papier.

Zudem ist sie zertifizierte Yoga- und Meditationslehrerin sowie Achtsamkeits-Trainerin. Sie entwickelt kreative Magazine und Bücher zur Selbsterfahrung und unterrichtet „KiYo – Yoga für Kids" in Hamburger KiTas, Schulen und Studios. Ihr Herzens-Wunsch: Das individuelle Glückspotenzial aus jedem Kind herauskitzeln. Weitere Infos unter www.yoga-fuer-kids.de

Nataša Kaiser

Nataša Kaiser wollte schon im Kindergarten „Malerin" werden. Über den Umweg Grafik-Design fand sie schließlich den Weg zur Illustration, der die Erfüllung des Berufswunsches für sie bedeutet: die Erschaffung bunter Welten, ausdrucksstarker Charaktere und die Bebilderung von Texten und Geschichten. Auch Mustergestaltung und Hand Lettering finden sich in ihrem Portfolio. Zu ihren Kunden zählen Kinderbuch- und Sachbuchverlage, Geschenkartikel-, Papeterie- und Spielwarenhersteller. Weitere Infos und Arbeitsbeispiele gibt es auf ihrer Website: www.natasakaiser.com

einzig-artig

ICH bin

Körper-spürer

ICH bin ein

ICH

bin ein

GLÜCKSFINDER

In MIR

ist es

STILL

FÜR

VON

für

VON

für

VON

FÜR

von

Ich BLEIBE bei MIR

ICH bin ein Gefühls-Kapitän

für

von

FÜR

von

Ich SPÜRE wie ein SCHMETTERLING

HEUTE wird ein Lieblings-Tag

In einer Kopf- steh- Welt bleibe ich ENTSPANNT.

Ich STRAHLE wie die SONNE.

FÜR
von

für
VON

ICH bin DANKBAR

ICH bin WACH

für

VON

FÜR

von

ICH
bin ein
Wunsch-
Erfüller

Ich
bin in der
RUHE

für
von

für
von

Ich EMPFINDE mit ALL meinen SINNEN

Ich bin in BEWEGUNG